AF544290

BERND HUBER

BAYRISCHES
Kochbuch

Alle Ratschläge in diesem Buch wurden vom Autor und vom Verlag sorgfältig erwogen und geprüft. Eine Garantie kann dennoch nicht übernommen werden. Eine Haftung des Autors beziehungsweise des Verlags für jegliche Personen-, Sach- und Vermögensschäden ist daher ausgeschlossen.

Email: info@edition-jt.de
www.edition-jt.de

JT Handels UG
Berumer Str. 44
26844 Jemgum

INHALT

Was bayrisches Essen ausmacht

Jede Region hat ihre eigenen Spezialitäten, da ist auch Bayern keine Ausnahme. Wenn Sie hören, es gibt bayrisches Essen, denken Sie wahrscheinlich, sofern Sie nicht selbst aus Bayern kommen, zunächst einmal an die typischen Klischees: Weißwurst und Bier.

Selbstverständlich kann Bayern aber noch weit mehr als das, wie Sie in diesem Kochbuch erfahren werden. Von verschiedenen Brotsorten über Schweinshaxe bis hin zum leckeren Cocktail werden Sie hier garantiert das eine oder andere Rezept finden, das Ihnen so bisher noch nie begegnet ist.

Aber was macht bayrisches Essen so besonders?

Um zu verstehen, warum bayrisches Essen sich aus bestimmten Zutaten zusammensetzt, sollte gesagt sein, dass es aus einer bäuerlichen Lebensweise resultierte. Die Bauern, die damals in Bayern lebten, brauchten viel Energie für ihre Arbeit. Da war es nötig, die Speisen möglichst herzhaft und deftig zu machen. Ein wichtiger Bestandteil der Hauptgerichte war Fleisch, während die Nachspeisen oftmals auf Mehl basierten. So erhielten die Bauern alles, was sie brauchten, um auf dem Feld ihre Arbeit erledigen zu können.

Mit der Zeit wurde die bayrische Küche immer vielseitiger. So ist es heute auch nicht mehr ungewöhnlich, ein veganes Hauptgericht serviert zu bekommen. Auch der Einfluss anderer Regionen lässt sich mittlerweile nicht mehr leugnen, zum Beispiel, wenn es um Germknödel geht, die ursprünglich aus Österreich kommen und von den Bayern übernommen wurden.

Dass die bayrische Kultur in der ganzen Welt bekannt und beliebt ist, können Sie sehen, wenn Sie einmal ein Oktoberfest besuchen. Hier werden Sie jede Menge Menschen aus den unterschiedlichsten Ländern und Regionen finden. Wer weiß, vielleicht haben Sie ja sogar auf einem Oktoberfest das erste Mal ein typisch bayrisches Gericht gegessen und sind dort auf den Geschmack gekommen, denn so geht es vielen.

Doch egal, ob Sie als „Fremder" dieses Kochbuch nutzen oder ein waschechter Bayer sind, Sie werden garantiert etwas finden, das Ihren Geschmack genau trifft. Dieses Kochbuch wird Ihnen dabei helfen, in die bayrische Kultur einzutauchen.

Guten Appetit!

Rezepte

Frühstück

WEIẞWURSTFRÜHSTÜCK

4 Port. 25 Min. Leicht

Zutaten

8 Weißwürstchen
8 Brezen
200 g Senf

Nährwerte p. P.

793 kcal
93 g Kohlenhydrate
35 g Fett
25 g Eiweiß

1 Die Weißwürstchen in einen Topf mit ausreichend kaltem Wasser geben. Den Topf auf den Herd stellen und bei mittlerer Temperatur langsam erwärmen.

2 Kurz bevor das Wasser anfängt zu kochen, kann der Topf heruntergenommen werden.

3 Vier Teller nehmen und je 2 Würstchen, 2 Brezen und etwa 50 g Senf auftun.

LEBERKÄSESEMMEL

4 Port.

2 Std.

Mittel

Zutaten

4 Semmeln
100 g Senf
800 g Rindfleisch
200 g Schweinefleisch
250 g Speck
30 g Butter
375 ml Wasser
Je 1 Prise Salz und Pfeffer

Nährwerte p. P.

1200 kcal
18 g Kohlenhydrate
66 g Fett
132 g Eiweiß

1 Die beiden Fleischsorten getrennt voneinander mit einem Fleischwolf zerkleinern. Den Speck grob zerschneiden.

2 Die beiden Fleischsorten mit dem Speck zu einer Masse verkneten. Nach Geschmack mit Pfeffer und Salz würzen.

3 Das Wasser zu dem "Fleischteig" geben, bis er einheitlich wird.

4 Eine Auflaufform mit der Butter einfetten und die Fleischmasse hineingeben. Bei 200 °C Ober-/Unterhitze oder 180 °C Umluft im aufgeheizten Backofen backen.

5 Die Semmeln in der Mitte aufschneiden und mit Senf bestreichen. Den fertigen Leberkäse in Scheiben zerteilen und auf die untere Hälfte der Semmeln legen. Dann die Semmeln zuklappen.

RÜHREI MIT SPECK

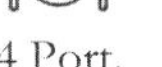

4 Port. 5 Min. Leicht

Zutaten

8 Eier
4 EL Milch
20 g Butter
100 g Schinkenwürfel
50 g Schnittlauch
Salz, Pfeffer

Nährwerte p. P.

436 kcal
4 g Kohlenhydrate
32 g Fett
33 g Eiweiß

1 Die Eier zusammen mit der Milch in eine Schüssel füllen und mit Pfeffer und Salz würzen. Alles miteinander verquirlen.

2 Die Butter bei mittlerer Temperatur in einer Pfanne erhitzen und die Speckwürfel ca. 2 Minuten lang anbraten.

3 Das Rührei zu den Speckwürfeln geben und warten, bis es stockt. Dabei regelmäßig umrühren.

4 Den Schnittlauch dazugeben und unterrühren.

FRÜHSTÜCKSMÜSLI

1 Port.

5 Min.

Leicht

Zutaten

2 EL Haferflocken
1 EL Sonnenblumenkerne
Je 1 Apfel und Banane
1 EL Schmand
1 EL Rosinen
1 EL Mandeln

Nährwerte p. P.

471 kcal
57 g Kohlenhydrate
20 g Fett
11 g Eiweiß

1 Die Mandeln zusammen mit 1 EL Rosinen entweder mit einem Mixer oder mit einem Pürierstab zerkleinern.

2 Den Apfel waschen und das Kerngehäuse entfernen. In mundgerechte Stücke schneiden. Die Schale von der Banane entfernen und die Banane in Scheiben schneiden.

3 Die Zutaten gut miteinander verrühren.

KAISERSCHMARRN

4 Port.

20 Min.

Leicht

Zutaten

4 Eier
1 Pkg Vanillezucker
300 ml Milch
125 g Mehl
75 ml Wasser mit Kohlensäure
50 g Zucker
40 g Butter
1 Prise Salz

Nährwerte p. P.

722 kcal
85 Kohlenhydrate
34 g Fett
18 g Eiweiß

1 Die Eier trennen, das Eiweiß in ein Gefäß geben und steif schlagen.

2 Das Eigelb mit Zucker, dem Vanillezucker und dem Salz verquirlen, bis eine cremige Masse entsteht.

3 Nach und nach die Milch und das Mehl zu der Masse geben. Danach auch das Wasser unterrühren.

4 Den Eischnee unterheben.

5 Die Butter in einer flachen Pfanne zum Schmelzen bringen, dann den Teig dazugeben. Von beiden Seiten ca. 5 Minuten backen. Er ist fertig, wenn er eine goldbraune Färbung annimmt.

6 Den gebackenen Teig in kleine Stückchen zertrennen.

Brote

KÜMMELBROT

1 Port.

2 Std.
20 Min.

Mittel

Zutaten

550 g Weizenmehl
350 g Roggenmehl
200 g Roggenschrot
250 ml Buttermilch
220 ml Wasser
40 g frische Hefe
3 EL Kümmel
2 EL Essig
3 TL Salz
2 EL Sauerteig

Nährwerte p. P.

478 kcal
94 Kohlenhydrate
2 g Fett
15 g Eiweiß

1 Den Sauerteig, den Kümmel sowie das Roggenschrot mit dem Wasser verrühren und über Nacht einweichen.

2 Das Salz, den Essig und die Hefe unter die Buttermilch rühren. Nach und nach beide Mehlsorten und alle anderen Zutaten hinzugeben und gründlich durchkneten. Den Teig ca. 60 Minuten beiseitestellen. Nach dem Ruhen den Teig noch einmal kneten.

3 Das Brot bei 250 °C Umluft oder 270 °C Ober-/Unterhitze etwa 15 Minuten backen. Danach die Temperatur auf 175 °C Umluft oder 195 °C Ober-/Unterhitze reduzieren und weitere 50 Minuten backen.

HAUSBROT

1 Port.

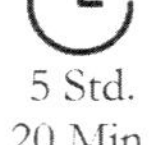
5 Std. 20 Min.

Mittel

Zutaten

100 g Sauerteig
250 g Weizenmehl
125 g Vollkornmehl
125 g Roggenmehl
10 g Honig
350 ml Wasser
1 EL Salz
3 g frische Hefe

Nährwerte p. P.

645 kcal
134 g Kohlenhydrate
2 g Fett
18 g Eiweiß

1 Die drei Mehlsorten miteinander verrühren und mit dem Wasser vermengen. Für ca. 45 Minuten beiseitestellen und ruhen lassen.

2 Den Sauerteig, die Hefe, den Honig und das Salz dazugeben und gut durchkneten.

3 Den Teig 2,5 Stunden gehen lassen, dabei alle 30 Minuten in die Länge ziehen und zusammenfalten.

4 Den Ofen auf 230 °C Umluft oder 250 °C Ober-/Unterhitze aufheizen. Das Brot für ca. 30 Minuten backen.

5 Drei Schlitze in die Oberseite des Brotes ritzen und weitere 60 Minuten backen. Testen, ob das Brot durch ist, wenn nicht, noch weiterbacken.

6 Das gebackene Brot 10 Minuten bei leicht geöffneter Ofentür ziehen lassen.

BREZEN

12 Port.

1 Std.
10 Min.

Mittel

Zutaten

500 g Mehl
1.500 ml Wasser
350 ml Milch
1 Pkg Trockenhefe
1 Prise Salz
2 EL Natron
grobes Salz

Nährwerte p. P.

996 kcal
196 g Kohlenhydrate
12 g Fett
23 g Eiweiß

1 Alle Zutaten, abgesehen von dem Wasser, zu einem glatten Teig verkneten. Das Natron dazugeben und vermischen. Den Teig abgedeckt ca. 45 Minuten ruhen lassen.

2 Den Teig noch einmal durchkneten und zu einer Rolle formen. In 12 gleich große Teile teilen. Die einzelnen Teile rollen und in Brezenform legen.

3 Das Wasser zum Kochen in einen Topf geben. Das Natron in dem kochenden Wasser auflösen.

4 Die Brezen nach und nach für ca. 30 Sekunden in das Wasser geben. Sobald sie fertig sind, herausnehmen und auf einem Backblech verteilen.

5 Die Brezen bei 180 °C Umluft oder 200 °C Ober-/Unterhitze ca. 25 Minuten backen.

6 Die fertigen Brezen mit grobem Salz bestreuen.

RUCHBROT

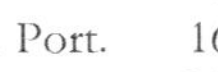

1 Port. | 16 Std. 50 Min. | Mittel

Zutaten

600 g Weizen-Ruchmehl
420 ml Wasser
2 TL Salz
1 EL Olivenöl
3 g frische Hefe

Nährwerte p. P.

271 kcal
53 g Kohlenhydrate
3 g Fett
7 g Eiweiß

1 Alle Zutaten verrühren und kräftig durchkneten. Am Ende sollte ein glatter Teig entstanden sein. Den Teig für ca. 15 Stunden ruhen lassen.

2 Den Teig noch einmal kneten, zu einem Brot formen und eine weitere Stunde ruhen lassen.

3 Das Brot einschneiden und bei 230 °C Umluft oder 250 °C Ober-/Unterhitze ca. 45 Minuten backen.

SAUERTEIGBROT

1 Port.

6 Std.
40 Min.

Mittel

Zutaten

350 ml Wasser
350 g Roggenvollkornmehl
250 g Weizenmehl
100 g Sauerteig
1 EL Salz

Nährwerte p. P.

271 kcal
53 g Kohlenhydrate
3 g Fett
7 g Eiweiß

1 Alle Zutaten gut miteinander verkneten. Es sollte ein glatter Teig entstehen. Den Teig abdecken und 2 Stunden ruhen lassen.

2 Den Teig flach drücken und wieder zusammenklappen. Den Vorgang mehrmals wiederholen. Für weitere 4 Stunden beiseitestellen.

3 Den Backofen auf 230 °C Umluft oder 250 °C Ober-/Unterhitze vorheizen. Das Brot in den Ofen geben und darunter eine Schüssel mit ca. 250 ml Wasser stellen.

4 25 Minuten backen, kurz die Ofentür öffnen, um den Dampf rauszulassen, und dann weitere 10 Minuten im Ofen lassen.

BIERBROT

1 Port.

14 Std.
40 Min.

Mittel

Zutaten

300 ml Wasser
300 g Roggenmehl
30 g Roggensauerteig
550 g Weizenmehl
300 ml Bier
1 EL Salz

Nährwerte p. P.

1516 kcal
308 g Kohlenhydrate
5 g Fett
43 g Eiweiß

1 Den Sauerteig mit dem Wasser und dem Roggenmehl verkneten und ca. 13 Stunden gehen lassen.

2 Die bisher übrig gebliebenen Zutaten dazugeben und gut verkneten. Für eine halbe Stunde beiseitestellen.

3 Den Backofen auf 230 °C Umluft oder 250 °C Ober-/Unterhitze vorheizen.

4 Den Teig zu einem Brot formen, einschneiden und ca. 60 Minuten backen.

KLETZENBROT

1 Port. 1,5 Std. Mittel

Zutaten

200 g Weizenmehl
200 g getrocknete Birnen
100 g gehackte Haselnüsse
100 g getrocknete Feigen
150 g Honig
50 g getrocknete Datteln
4 Eier
½ Pkg Backpulver
1 TL Zimt
1 EL Rum

Nährwerte p. P.

1224 kcal
170 g Kohlenhydrate
42 g Fett
29 g Eiweiß

1 Die Trockenfrüchte in kleine Stücke schneiden. Die trockenen Zutaten miteinander verrühren.

2 Die Eier schaumig schlagen und mit dem Honig und dem Rum verrühren. Alle Zutaten verkneten.

3 Den Teig in eine Brotform geben und bei 175 °C Umluft oder 195 °C Ober-/Unterhitze ca. 60 Minuten backen.

TOPFENBROT

1 Port.

1 Std. 20 Min.

Leicht

Zutaten

500 g Weizenmehl
300 g Quark
125 ml Milch
60 g Zucker
100 g gehackte Mandeln
60 g Butter
4 TL Backpulver
1 TL Zitronenabrieb
1 Prise Salz

Nährwerte p. P.

966 kcal
109 g Kohlenhydrate
48 g Fett
21 g Eiweiß

1 Alle Zutaten miteinander vermischen. Es sollte ein glatter Teig entstehen.

2 Den Rand einer Kastenform mit ausreichend Backpapier auslegen. Den Teig in die Form füllen.

3 Im aufgeheizten Backofen (180 °C Umluft oder 200 °C Ober-/Unterhitze) ca. 60 Minuten backen.

Soßen, Cremes und Dips

WEINSCHAUMSOẞE

4 Port.

10 Min.

Leicht

Zutaten

3 Eier
½ Zitrone
75 g Zucker
250 ml Weißwein
1 TL Speisestärke

Nährwerte p. P.

173 kcal
20 g Kohlenhydrate
4 g Fett
4 g Eiweiß

1 Den Saft aus der Zitrone herauspressen und zwei der Eier trennen. Das übrig gebliebene Ei mit dem Eigelb der anderen Eier verrühren.

2 Die restlichen Zutaten dazugeben und aufschlagen.

3 Die Soße bei mittlerer Hitze unter stetigem Rühren erwärmen. Die Soße über einem kalten Wasserbad schaumig schlagen.

MALZBIERSOẞE

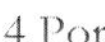
4 Port.

25 Min.

Leicht

Zutaten

350 ml Brühe
200 ml Malzbier
50 ml Rotwein
50 g Karotten
1 Zwiebel
25 g Knollensellerie
1 Knoblauchzehe
1 EL Mehl
1 TL Tomatenmark
Salz, Pfeffer

Nährwerte p. P.

80 kcal
12 g Kohlenhydrate
1 g Fett
2 g Eiweiß

1 Den Sellerie, die Karotten, die Zwiebel und den Knoblauch pellen und würfeln. In eine Pfanne füllen, dann mit etwas Mehl bestäuben und kurz anrösten, bis die Zwiebel glasig wird.

2 Das Tomatenmark hinzufügen und mit der Brühe ablöschen. Dann das Bier dazugeben und 20 Minuten bei geringer Wärmezufuhr köcheln.

3 Alle Zutaten pürieren und die Soße mit Pfeffer und Salz abschmecken.

SENFSOẞE

4 Port.

15 Min.

Leicht

Zutaten

400 ml Gemüsebrühe
200 ml Sahne
1 EL Senf
1 EL körniger Senf
2 EL Mehl
2 EL Butter

Nährwerte p. P.

393 kcal
13 g Kohlenhydrate
36 g Fett
5 g Eiweiß

1 Die Butter in einem Kochtopf bei mittlerer Wärmezufuhr schmelzen. Dann das Mehl dazustäuben und für etwa 1 Minute lang andünsten.

2 Die Sahne sowie die Gemüsebrühe dazugeben und bei geringer Wärmezufuhr ca. 10 Minuten köcheln. Dabei ständig rühren. Die beiden Senfsorten unterrühren.

PILZSOẞE

 4 Port.  25 Min. Leicht

Zutaten

350 g Steinpilze
250 ml Sahne
100 ml Gemüsebrühe
3 Lauchzwiebeln
1 Schalotte
1 Knoblauchzehe
2 EL Petersilie
1 TL Pilzgewürz
Salz, Pfeffer

Nährwerte p. P.

525 kcal
70 g Kohlenhydrate
29 g Fett
10 g Eiweiß

1 Die Pilze säubern und danach in Scheiben schneiden. Die Schalotte und den Knoblauch pellen und fein hacken. Die Lauchzwiebel abwaschen und zerkleinern.

2 Etwas Öl in einer Pfanne erwärmen und die Schalotte sowie den Knoblauch in dem Öl andünsten. Dann die Pilze dazugeben und einige Zeit mit anbraten.

3 Mit der Brühe ablöschen, dann die Sahne und die Lauchzwiebel unterrühren. Mit Salz, Pilzgewürz und Pfeffer abschmecken.

4 Die Petersilie unterrühren.

HONIG-SENF-SOẞE

2 Port.

20 Min.

Leicht

Zutaten

200 g Honig
150 g Senfkörner
150 ml Wasser
4 EL Weißweinessig
2 TL Salz
1 Msp. Kurkuma

Nährwerte p. P.

665 kcal
96 g Kohlenhydrate
22 g Fett
19 g Eiweiß

1 Die Senfkörner fein hacken. Mit dem Kurkuma verrühren.

2 Das Wasser zusammen mit dem Salz und dem Essig in einen Kochtopf geben und aufkochen, dann nach und nach den Senf unterrühren.

3 Den Honig dazugeben und ebenfalls unterrühren.

4 Die Soße in ein Gefäß umfüllen und an einem kühlen Ort (nicht im Kühlschrank) aufbewahren.

Tipp: Die Soße schmeckt am besten, wenn sie mindestens eine Woche lang durchziehen durfte.

OBAZDA

 4 Port.  25 Min. Leicht

Zutaten

750 g Camembert
100 g Schmelzkäse
250 g Butter
1 Schluck Bier
Salz, Pfeffer
Paprikapulver

Nährwerte p. P.

1273 kcal
3 g Kohlenhydrate
121 g Fett
41 g Eiweiß

1 Den Camembert möglichst klein schneiden und mit dem Schmelzkäse und der Butter verkneten, bis eine einheitliche Masse entstanden ist.

2 Das Bier dazugeben und erneut kneten. Mit Salz, Paprikapulver und Pfeffer abschmecken.

KÄSEDIP

2 Port.

10 Min.

Leicht

Zutaten

250 g geriebener Käse
90 ml Milch
60 ml Sahne
1 EL Senf
1 EL Weißweinessig
Paprikapulver
Salz, Pfeffer

Nährwerte p. P.

683 kcal
6 g Kohlenhydrate
57 g Fett
36 g Eiweiß

1 Die Sahne zusammen mit der Milch in einen Topf geben und bei mittelmäßiger Wärmezufuhr vorsichtig aufkochen.

2 Den Senf und den Käse unterrühren, bis der Käse komplett geschmolzen ist.

3 Mit Weißweinessig, Paprikapulver sowie Pfeffer und Salz abschmecken.

RADIESCHEN-DIP

2 Port. 10 Min. Leicht

Zutaten

200 g Magerquark
200 g Schmand
100 g Gurke
1 Lauchzwiebel
8 Radieschen
1 Spritzer Zitronensaft
Salz, Pfeffer

Nährwerte p. P.

683 kcal
6 g Kohlenhydrate
57 g Fett
36 g Eiweiß

1 Die Gurke und die Radieschen waschen und in möglichst kleine Würfel schneiden. Die Lauchzwiebel abwaschen und in Ringe schneiden.

2 Den Quark mit dem Schmand verrühren und mit Zitronensaft sowie Pfeffer und Salz abschmecken.

3 Das Gemüse unterrühren.

EIERCURRY-DIP

2 Port.

15 Min.

Leicht

Zutaten

2 Eier
150 g Kräuterfrischkäse
100 g Naturjoghurt
4 Stängel Petersilie
2 Stängel Dill
3 EL Zitronensaft
2 EL Senf
Currypulver
Salz, Pfeffer

Nährwerte p. P.

184 kcal
12 g Kohlenhydrate
7 g Fett
18 g Eiweiß

1 Die Eier in kochendes Wasser legen und ca. 10 Minuten kochen, bis sie hart sind. Die Kräuter waschen und fein hacken.

2 Den Frischkäse mit dem Joghurt verrühren, den Zitronensaft und den Senf dazugeben und mit den Gewürzen abschmecken.

3 Die Kräuter unterrühren. Die Eier in Würfel schneiden und zu dem Dip geben.

Salate

BIERGARTENSALAT

2 Port.

10 Min.

Leicht

Zutaten

175 g Rettich
175 g Fleischwurst
50 g geriebener Käse
8 Radieschen
6 Gewürzgurken
2 Frühlingszwiebeln
4 EL Weißweinessig
2 EL Öl
2 TL Senf
1 TL Honig

Nährwerte p. P.

390 kcal
8 g Kohlenhydrate
30 g Fett
20 g Eiweiß

1 Die Wurst in Würfel schneiden. Den Rettich schälen und in dünne Scheiben schneiden. Die Frühlingszwiebeln säubern und ringförmig zuschneiden. Die Gewürzgurken und die Radieschen ebenso in Scheiben schneiden.

2 Den Essig mit dem Senf, dem Öl und dem Honig verrühren. Die Salat-Zutaten in eine Schüssel geben. Das Dressing hinzufügen und alles gut durchmischen.

3 Den Salat mit dem Käse bestreuen.

KARTOFFELSALAT

4 Port.

30 Min.

Leicht

Zutaten

1,5 kg Kartoffeln
5 Essiggurken
2 rote Zwiebeln
100 g Butter
200 ml Gemüsebrühe
100 ml Weißweinessig
50 ml Olivenöl
2 Knoblauchzehen
1 Bund Schnittlauch
Je 1 Prise Zucker und Muskatnuss
1 EL Senf
Salz, Pfeffer

Nährwerte p. P.

658 kcal
75 g Kohlenhydrate
34 g Fett
9 g Eiweiß

1 Den Knoblauch schälen. Mit einem Messer (der flachen Seite) zerdrücken.

2 Die Kartoffeln abwaschen und zusammen mit dem Knoblauch sowie den Gewürzen in einen Topf mit ausreichend kaltem Wasser geben.

3 Den Herd auf die höchste Stufe stellen und das Wasser mit den Zutaten aufkochen lassen. Die Kartoffeln ca. 20 Minuten lang kochen. Abkühlen lassen und danach pellen und in gut verzehrbare Würfel schneiden.

4 Während die Kartoffeln kochen: Zwiebeln schälen und in kleine Stücke zerteilen. Die Essiggurken in Scheiben schneiden.

5 In einem zweiten Topf die Butter bei mittlerer Stufe langsam schmelzen, dann die Zwiebeln zusammen mit dem Zucker darin anbraten. Mit der Gemüsebrühe ablöschen und den Weißweinessig sowie das Olivenöl und den Senf unterrühren.

6 Die Brühe vom Herd nehmen und die Muskatnuss unterrühren. Den Schnittlauch säubern, zerkleinern und ebenfalls dazugeben.

7 Alle Salat-Zutaten in einer großen Schüssel miteinander vermengen.

SPARGELSALAT

4 Port.

25 Min.

Leicht

Zutaten

500 g weißer Spargel
4 Brokkoliröschen
4 Blumenkohlröschen
100 g Champignons
50 ml Zitronensaft
50 g Mandeln
4 Karotten
1 L Gemüsebrühe
2 EL Olivenöl
1 TL Traubenzucker
Salz, Pfeffer

Nährwerte p. P.

450 kcal
34 g Kohlenhydrate
18 g Fett
26 g Eiweiß

1 Den Spargel und die Karotten schälen und gemeinsam mit den anderen Zutaten in mundgerechte Stücke schneiden.

2 Die Gemüsebrühe erhitzen und den Spargel darin ca. 15 Minuten kochen. Danach den Blumenkohl, die Karotten und den Brokkoli dazugeben. Für weitere 5 Minuten kochen. Das Gemüse aus dem Topf nehmen, in eine Schüssel geben und beiseitestellen.

3 Das Olivenöl mit 50 ml Zitronensaft und dem Traubenzucker verrühren. Mit Salz und Pfeffer kräftig würzen.

4 Die Mandeln ohne Fett in eine Pfanne geben und kurz anrösten. Alle Zutaten in einer großen Schüssel miteinander vermengen.

GURKENSALAT

4 Port. 10 Min. Leicht

Zutaten

250 g Sauerrahm
1 Zitrone
1 Bund Dill
2 Salatgurken
50 ml Pflanzenöl
50 ml Weißweinessig
Salz, Pfeffer

Nährwerte p. P.

576 kcal
15 g Kohlenhydrate
55 g Fett
5 g Eiweiß

1 Die Gurken abwaschen und in dünne Scheiben schneiden. Den Dill ordentlich waschen und zerhacken. Die Zitrone auspressen.

2 Den Sauerrahm mit dem Essig sowie dem Öl verrühren. Den Zitronensaft dazugeben und den Dill unterrühren.

3 Die Gurken mit dem Dressing verrühren und mit den beiden Gewürzen abschmecken.

Tipp: Der Salat schmeckt am besten, wenn er mindestens 2 Stunden ziehen durfte.

WURSTSALAT

4 Port.

10 Min.

Leicht

Zutaten

500 g Fleischwurst
150 ml Weißweinessig
4 Gewürzgurken
2 Schalotten
3 EL Schnittlauch
2 EL Rapsöl
1 Prise Zucker
Salz, Pfeffer

Nährwerte p. P.

902 kcal
22 g Kohlenhydrate
75 g Fett
33 g Eiweiß

1 Die Lyoner in Würfel schneiden. Die Schalotten halbieren, schälen und anschließend in dünne Ringe schneiden. Die Gewürzgurken ebenfalls zerkleinern.

2 Für das Dressing das Öl mit dem Essig verrühren und mit Zucker, Pfeffer und Salz verfeinern.

3 Alle Zutaten in einer großen Schüssel miteinander vermengen.

KRAUTSALAT

4 Port.

10 Min.

Leicht

Zutaten

500 g Weißkohl
1 Karotte
1 Stange Sellerie
2 Frühlingszwiebeln
75 ml Mayonnaise
25 g Joghurt
1 EL Ahornsirup
2 EL Buttermilch
1 TL Weißweinessig
Salz, Pfeffer

Nährwerte p. P.

444 kcal
26 g Kohlenhydrate
32 g Fett
6 g Eiweiß

1 Den Kohl waschen, danach in feine Streifen schneiden. Die Karotte schälen und raspeln. Den Sellerie und die Frühlingszwiebel in Scheiben schneiden.

2 Die Mayonnaise mit dem Joghurt, der Buttermilch, dem Ahornsirup sowie dem Weißweinessig verrühren und mit den aufgelisteten Gewürzen abschmecken.

3 Die Salat-Zutaten in einem großen Gefäß vermischen. Das Dressing dazugeben und gut vermengen.

APFEL-KOHLRABI-SALAT

2 Port.

10 Min.

Leicht

Zutaten

1 Kohlrabi
1 Apfel
4 EL Balsamico
4 EL Walnussöl
1 TL Aprikosenmarmelade
1 TL Honig-Senf-Soße
Salz, Pfeffer
1 Bund Petersilie

Nährwerte p. P.

244 kcal
16 g Kohlenhydrate
18 g Fett
2 g Eiweiß

1 Den Kohlrabi sowie den Apfel schälen und anschließend in Streifen schneiden. Die Petersilie abwaschen und zerhacken.

2 Den Balsamico mit dem Walnussöl, der Marmelade sowie der Honig-Senf-Soße verrühren und abschmecken.

3 Alle Zutaten in einer großen Schüssel gemeinsam mit dem Dressing verrühren.

Suppen

LEBERKNÖDELSUPPE

6 Port.

45 Min.

Mittel

Zutaten

1,5 L Rinderbrühe
2 Eier
500 g Rinderleber
150 ml Milch
1 Knoblauchzehe
1 Bund Schnittlauch
2 Semmeln
1 Zwiebel
1 EL Schweineschmalz
Salz, Pfeffer

Nährwerte p. P.

258 kcal
17 g Kohlenhydrate
11 g Fett
22 g Eiweiß

1 Die Milch vorsichtig auf mittlerer Stufe erwärmen. Die Semmeln dazugeben und 20 Minuten auf dem Herd stehen lassen.

2 Inzwischen die Schale vom Knoblauch und der Zwiebel entfernen. Die Zwiebel in Würfel trennen und den Knoblauch zerhacken oder mit einer Knoblauchpresse zerkleinern.

3 Den Schnittlauch waschen und in dünne Rollen schneiden.

4 Die Leber und die Semmeln durch einen Fleischwolf geben und mit 2 Eiern, dem Schmalz, der Zwiebel und dem Knoblauch verkneten. Pfeffern und salzen und für mindestens eine halbe Stunde zum Ruhen in den Kühlschrank stellen.

5 Die Rinderbrühe auf mittlerer Stufe erwärmen, ohne sie dabei zum Kochen zu bringen.

6 Die Knödelmasse in die Rinderbrühe geben und ca. 15 Minuten köcheln.

GRIEẞNOCKERLSUPPE

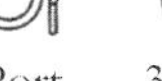

4 Port. 30 Min. Leicht

Zutaten

2 L Hühnerbrühe
500 ml Milch
200 g Hartweizengrieß
60 g Butter
2 Eier
½ Bund Schnittlauch
Salz, Pfeffer

Nährwerte p. P.

407 kcal
42 g Kohlenhydrate
20 g Fett
14 g Eiweiß

1 Die Milch gemeinsam mit der Butter in einem Topf vermengen und auf mittlerer Stufe langsam erhitzen. Inzwischen den Schnittlauch abwaschen und zu kleinen Rollen schneiden.

2 Sobald die Milch kocht: Mit Pfeffer und Salz aromatisieren und die Schnittlauchrollen unterrühren. Die Milch vom Herd nehmen.

3 Nach und nach den Grieß in die Milch geben und dabei ständig rühren. Danach 10 Minuten ruhen lassen.

4 Die Eier zusammen aufschlagen und mit der Grießmasse vermengen. In einem zweiten Topf die Brühe zum Kochen bringen.

5 Die Nockerl mit zwei Teelöffeln aus der Schüssel nehmen und in die Brühe geben. Alles zusammen ca. 5 Minuten kochen, danach vom Herd nehmen und mit Deckel 15 Minuten ziehen lassen.

WEIßWEINSUPPE

4 Port.

20 Min.

Leicht

Zutaten

250 ml Weißwein
200 ml Sahne
750 ml Gemüsebrühe
40 g Mehl
1 Eigelb
2 Karotten
1 Zwiebel
2 EL Butter
½ Lauch
1 TL Salz
½ TL Pfeffer

Nährwerte p. P.

350 kcal
35 g Kohlenhydrate
25 g Fett
11 g Eiweiß

1 Die Karotten ebenso wie die Zwiebel schälen und zerschneiden. Den Lauch säubern und in Ringe schneiden.

2 Die Butter zum Schmelzen bringen und das Gemüse ca. 5 Minuten lang in der geschmolzenen Butter anbraten. Das Mehl dazugeben und mit Weißwein und Gemüsebrühe ablöschen.

3 Die Suppe ordentlich pfeffern und salzen und 12 Minuten köcheln lassen. Die Sahne zusammen mit dem Eigelb unter die Suppe rühren.

ZWIEBELSUPPE

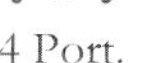

4 Port. 1 Std. Leicht

Zutaten

600 g Zwiebeln
200 ml Weißwein
50 g Butter
1 L Fleischbrühe
Je 1 Prise Salz und Pfeffer

Nährwerte p. P.

187 kcal
16 g Kohlenhydrate
11 g Fett
8 g Eiweiß

1 Die Zwiebeln in feine Ringe schneiden, nachdem sie geschält wurden.

2 Die Butter in einem Topf erwärmen. Die Zwiebeln anbraten, bis sie durchsichtig werden.

3 Mit der Fleischbrühe ablöschen und den Pfeffer sowie das Salz dazugeben. Auf mittlerer Stufe ca. 30 Minuten köcheln.

4 Den Wein dazugeben und 1 Minute lang aufkochen.

KRAUTSUPPE

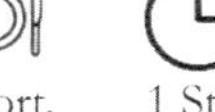

4 Port. 1 Std. Leicht

Zutaten

1 L Gemüsebrühe
2 Kartoffeln
1 Zwiebel
400 g Weißkohl
100 g Speck
2 EL Tomatenmark
1 TL Kümmel
1 Prise Muskat
Salz, Pfeffer

Nährwerte p. P.

335 kcal
29 g Kohlenhydrate
16 g Fett
15 g Eiweiß

1 Den Speck zerteilen, sodass kleine Würfel entstehen. Den Kohl in Streifen teilen. Die Zwiebeln und die Kartoffeln ebenfalls würfeln.

2 Etwas Öl in einen Topf gießen und den Speck und die Zwiebeln darin anbraten. Dann die Kartoffeln hinzugeben und für kurze Zeit mit andünsten.

3 Mit der Brühe ablöschen. Die verbliebenen Zutaten hinzufügen und gut mischen. Mit Pfeffer und Salz verfeinern.

4 Die Suppe ca. 50 Minuten bei mittlerer Temperatur köcheln.

SEMMELEINLAUFSUPPE

4 Port.

20 Min.

Leicht

Zutaten

1 L Gemüsebrühe
1 Semmel
1 Ei
3 Zweige Petersilie
1 Msp. Muskatnuss
1 Prise Salz

Nährwerte p. P.

38 kcal
6 g Kohlenhydrate
2 g Fett
11 g Eiweiß

1 Die Semmel ca. 10 Minuten in Wasser einweichen und dann ausdrücken. Die Petersilie waschen und zu kleinen Fetzen zerhacken. Die Semmel mit dem Ei, dem Salz und der Muskatnuss verkneten.

2 Die Gemüsebrühe erhitzen, bis sie kocht, und den Teig stückchenweise dazugeben.

3 Die Suppe so lange aufkochen, bis sie klar wird.

BROTSUPPE

4 Port.

15 Min.

Leicht

Zutaten

1 L Wasser
200 ml Schlagsahne
8 Karotten
1 Zwiebel
1 Stange Lauch
6 Scheiben Brot
250 g geriebener Käse
Olivenöl
Gemüsebrühe
Salz, Pfeffer

Nährwerte p. P.

729 kcal
54 g Kohlenhydrate
43 g Fett
26 g Eiweiß

1 Die Zwiebel sowie die Karotten schälen, dann würfeln und gemeinsam mit etwas Öl in einem Topf anbraten, bis die Zwiebel durchsichtig wird.

2 Das Brot in Würfel schneiden und gemeinsam mit den Zutaten, die sich bereits im Topf befinden, anbraten. Den Lauch waschen und zerkleinern und ebenfalls dazugeben.

3 Mithilfe des Wassers die Zutaten im Topf ablöschen.

4 Alle restlichen Zutaten ebenfalls in den Topf geben und gut umrühren. Mit Gemüsebrühe sowie Salz und Pfeffer verfeinern.

PFANNKUCHENSUPPE

4 Port.

15 Min.

Leicht

Zutaten

1 L Gemüsebrühe
80 g Speck
4 Pfannkuchen
Je 1 Prise Salz und Pfeffer
2 EL gehackte Petersilie
1 Prise Muskatnuss
Pflanzenöl

Nährwerte p. P.

188 kcal
53 g Kohlenhydrate
18 g Fett
15 g Eiweiß

1 Die Pfannkuchen in Streifen schneiden. Die Gemüsebrühe zusammen mit der Muskatnuss, dem Pfeffer und dem Salz in einen Kochtopf geben.

2 Den Speck in Würfel schneiden. In einer Pfanne mit ein wenig erhitztem Öl anbraten.

3 Die Brühe auf vier Teller aufteilen, dann die Pfannkuchen, den Speck und etwas Petersilie dazugeben.

Hauptgerichte mit Fleisch

SCHWEINSHAXE

4 Port.

2 Std. 45 Min.

Leicht

Zutaten

3 kg Schweinshaxen
10 Knoblauchzehen
4 Zwiebeln
10 Lorbeerblätter
2 TL Wacholderbeeren
4 TL Salz
1 TL Kümmel

Nährwerte p. P.

1970 kcal
22 g Kohlenhydrate
115 g Fett
207 g Eiweiß

1 Einen großen Topf mit Wasser füllen (die Schweinshaxen müssen später vollkommen vom Wasser bedeckt sein).

2 Die Schalen von den Zwiebeln sowie dem Knoblauch entfernen, beides klein schneiden und gemeinsam mit den Lorbeerblättern, dem Salz, den Wacholderbeeren und dem Kümmel in den Topf geben. Alles zusammen kurz aufkochen lassen.

3 Die Schweinshaxen in die Brühe geben und 90 Minuten ziehen lassen. Nach Ablauf der Hälfte der Zeit einmal wenden.

4 Die Schweinshaxen bei 180 °C Umluft oder 200 °C Ober-/Unterhitze in den vorgewärmten Backofen geben und für ca. 60 Minuten backen.

LEBERKNÖDEL

2 Port.

55 Min.

Leicht

Zutaten

200 g Schweineleber
60 g Semmelbrösel
50 g Butter
20 g Mehl
2 Semmeln
1 Ei
1 Knoblauchzehe
1 Zwiebel
Salz, Pfeffer

Nährwerte p. P.

638 kcal
60 g Kohlenhydrate
29 g Fett
31 g Eiweiß

1 Die Semmeln für ca. 10 Minuten in Wasser einweichen, dann zusammen mit dem Fleisch durch einen Fleischwolf geben.

2 In der Zwischenzeit den Knoblauch ebenso wie die Zwiebel schälen und in kleine Stücke teilen.

3 Die Butter erhitzen und die Zutaten aus Schritt 2 in der Pfanne anbraten, bis die Zwiebel durchsichtig wird.

4 Alle Zutaten miteinander zu einer Masse verkneten. Für eine halbe Stunde beiseitestellen.

5 Die Masse zu Knödeln formen und in ausreichend Salzwasser ca. 15 Minuten köcheln.

RINDFLEISCH IN MEERRETTICHSOẞE

4 Port.

4 Std.

Mittel

Zutaten

1,5 kg Rindfleisch
200 g Lauch
150 g Sellerie
100 ml Milch
40 g Meerrettich
2 Zwiebeln
3 Karotten
2 Wacholderbeeren
1 Knoblauchzehe
2 EL Butter
2 Lorbeerblätter
2 EL Mehl
Salz, Pfeffer
Öl

Nährwerte p. P.

635 kcal
6 g Kohlenhydrate
33 g Fett
79 g Eiweiß

1 Etwas Öl in einer Pfanne oder einem Topf erhitzen. Das Fleisch gut durchbraten, bis es von allen Seiten braun ist.

2 Die Zwiebel, die Karotten und den Knoblauch schälen, das restliche Gemüse waschen. Alles zusammen in mundgerechte Stücke schneiden und gemeinsam mit den Lorbeerblättern und den Wacholderbeeren ebenfalls kurz anbraten.

3 Das Fleisch zu dem Gemüse geben und mit so viel Wasser aufgießen, dass es komplett bedeckt ist. Einmal aufkochen lassen und dann bei geringer Wärmezufuhr 3 Stunden köcheln.

4 Für die Soße den Meerrettich schälen und zerreiben.

5 Die Butter in einem Topf zum Schmelzen bringen, danach das Mehl hinzufügen und kurz anrösten. Mit Milch ablöschen und den Meerrettich dazugeben. Mit Pfeffer und Salz abschmecken.

6 Alles zusammen ca. 8 Minuten köcheln.

SCHWEINEBRATEN

2 Port.

15 Min.

Mittel

Zutaten

750 g Schweinefleisch
500 ml Wasser
3 Knoblauchzehen
2 Zwiebeln
Je 1 TL Kümmel, Rosmarin und Majoran
1 Prise Salz

Nährwerte p. P.

452 kcal
8 g Kohlenhydrate
8 g Fett
84 g Eiweiß

1 Das Fleisch waschen und klopfen, dann mit den Gewürzen einreiben.

2 Das Fleisch in einen Bräter o. Ä. geben, etwas kochendes Wasser dazugießen und mit verschlossenem Deckel für 15 Minuten dämpfen.

3 In der Zwischenzeit die Zwiebeln und den Knoblauch vorbereiten, das heißt, die Schale entfernen und beides zerhacken.

4 Den Backofen auf 200 °C Umluft oder 220 °C Ober-/Unterhitze vorheizen. Das Fleisch gemeinsam mit dem Knoblauch und den Zwiebeln ca. 1,5 bis 2 Stunden backen.

5 Um zu testen, ob das Fleisch durch ist, mit einem Löffel auf den Braten drücken: Gibt er dem Druck nach, muss er noch weiterbacken.

Tipp: Als Beilage eignen sich vor allem Knödel oder Sauerkraut.

RINDERGULASCH

4 Port.

2 Std.
15 Min.

Mittel

Zutaten

500 g Rindergulasch
750 ml Gemüsebrühe
250 ml Rotwein
500 g Zwiebeln
2 Kartoffeln
1 Knoblauchzehe
Je 1 Karotte und Tomate
1 Lauch
Je 1 Orange und Zitrone
Salz, Pfeffer, Paprikapulver
Öl

Nährwerte p. P.

904 kcal
80 g Kohlenhydrate
36 g Fett
49 g Eiweiß

1 Die Zwiebel nach dem Schälen in Würfel schneiden. Dasselbe mit dem Knoblauch machen.

2 Das Fleisch würzen und in einem ausreichend großen Topf mit etwas Öl ordentlich anbraten.

3 Den Knoblauch und die Zwiebeln hinzugeben und ebenfalls anbraten, bis sie durchsichtig werden. Mit Rotwein ablöschen und Brühe dazugeben.

4 Den Topf mit einem entsprechenden Deckel verschließen und das Gulasch ca. 1,5 bis 2 Stunden bei geringer Wärmezufuhr köcheln.

5 Das verbliebene Gemüse abwaschen und in Stücke schneiden. In einem Topf kochen, bis es weich ist, dann pürieren.

6 Die Schale der Zitrone und der Orange abreiben und zu der Soße geben. Mit den aufgelisteten Gewürzen abschmecken.

BIERFLEISCH

4 Port.

2 Std.

Mittel

Zutaten

800 g Rindergulasch
500 ml Dunkelbier
125 g Sellerieknolle
4 Kartoffeln
2 Karotten
3 Zwiebeln
1 Lauchzwiebel
1 Knoblauchzehe
1 EL Weinessig
1 EL Weizenmehl
Salz, Pfeffer, Thymian
Öl

Nährwerte p. P.

417 kcal
40 g Kohlenhydrate
18 g Fett
20 g Eiweiß

1 Das Fleisch mit etwas Öl anbraten, bis es durch ist. Mit Salz und Pfeffer würzen.

2 Das Fleisch beiseitestellen. Die Zwiebeln sowie den Knoblauch schälen, zerkleinern und in einem Kochtopf oder einer ausreichend großen Pfanne anschwitzen, bis die Zwiebeln eine durchsichtige Färbung annehmen. Das Mehl, das Bier und den Weinessig dazugeben und gut verrühren.

3 Das Fleisch zu den vorher verarbeiteten Zutaten geben und ca. 70 Minuten bei geringer Wärmezufuhr köcheln.

4 Die Kartoffeln, die Karotten und den Sellerie schälen und mit in den Topf geben. Für weitere 20 Minuten köcheln.

5 Salz, Thymian und Pfeffer hinzugeben, bis die gewünschte Würze erreicht ist.

HACKBRATEN MIT ROTE-BETE-PÜREE

4 Port.

1,5 Std.

Mittel

Zutaten

500 g Hackfleisch
150 g Champignons
1 Zwiebel
1 Karotte
50 g Schinkenspeck
25 g Paniermehl
1 TL Senf
Salz, Pfeffer
100 ml Sahne
100 ml Milch
400 g Rote Bete
500 ml Wasser

Nährwerte p. P.

525 kcal
18 g Kohlenhydrate
34 g Fett
33 g Eiweiß

1 Die Zwiebel ebenso wie die Karotte schälen und würfeln. In einer Pfanne mit ein wenig Öl anbraten, bis die Zwiebel glasig wird. Die Zwiebel und die Karotte mit dem Hackfleisch vermengen.

2 Die Champignons in der Pfanne andünsten, dann ebenfalls in das Hackfleisch einkneten. Mit Pfeffer und Salz würzen.

3 Das Fleisch in eine Auflaufform oder ein anderes hitzebeständiges Gefäß geben und bei 180 °C Umluft oder 200 °C Ober-/Unterhitze 50 bis 60 Minuten garen.

4 In der Zwischenzeit die Rote Bete schälen und vierteln. In einen Topf mit dem Wasser geben und bei geringer Wärmezufuhr ca. 30 Minuten köcheln.

5 Das Wasser abschütten und die Rote Bete mit der Sahne ebenso wie mit der Milch pürieren. Mit Pfeffer und Salz abschmecken.

Hauptgerichte mit Fisch

STECKERLFISCH

4 Port.

12 Std.
40 Min.

Leicht

Zutaten

4 Makrelen
300 ml Sonnenblumenöl
100 ml Zitronensaft
Je 1 Bund Thymian, Petersilie und Rosmarin
1 TL Salz
1 Bund Oregano
1 EL Fenchelsamen
1 TL Pfeffer

Nährwerte p. P.

2177 kcal
13 g Kohlenhydrate
194 g Fett
95 g Eiweiß

1 Die Makrelen waschen und anschließend trocken tupfen. Die Kräuter abwaschen und mit einem Messer gut zerhacken.

2 Das Öl mit den Kräutern und dem Zitronensaft verrühren und mit den Gewürzen abschmecken.

3 Die Fische mit der Marinade einreiben und in eine große Auflaufform geben. Für 12 Stunden kühl stellen.

4 4 Holzstäbe nehmen und ca. 30 Minuten in lauwarmem Wasser einlegen. Die Fische aufspießen und ca. 30 Minuten grillen. Dabei regelmäßig wenden.

ZANDER IM BIERTEIG

4 Port.

30 Min.

Leicht

Zutaten

4 Zanderfilets
130 ml helles Bier
100 g Mehl
1 Prise Salz
1 Prise Pfeffer
1 Ei
50 ml Zitronensaft
5 EL Ö

Nährwerte p. P.

540 kcal
44 g Kohlenhydrate
7 g Fett
72 g Eiweiß

1 Die Zanderfilets waschen, dann trocken tupfen und zum Schluss mit Zitronensaft einreiben.

2 Einen Teig aus dem Ei, dem Mehl sowie etwas Pfeffer und Salz anrühren.

3 Das Öl auf mittlerer Temperaturstufe erhitzen.

4 Die Filets durch den flüssigen Teig ziehen und gut durchbraten. Wenn eine Seite braun ist, wenden und die andere Seite braten.

SARDELLENSCHNITZEL

4 Port. 40 Min. Mittel

Zutaten

4 Kalbsschnitzel
4 Sardellenfilets
300 ml Rinderbrühe
125 ml Weißwein
1 Eigelb
40 g Mehl
2 EL Butterschmalz
2 EL Kapern
30 g Butter
Salz, Pfeffer

Nährwerte p. P.

533 kcal
16 g Kohlenhydrate
26 g Fett
58 g Eiweiß

1 Das Butterschmalz in einer Pfanne auf mittlerer Temperaturstufe zum Schmelzen bringen. Die Schnitzel in dem Schmalz von beiden Seiten durchbraten und beiseitestellen.

2 Die Butter schmelzen und mit dem Mehl verrühren, danach mit der Brühe aufgießen und 5 Minuten kochen.

3 Die Sardellen fein hacken, mit in den Topf Brühe geben und mit Salz sowie Pfeffer aromatisieren.

4 Das Eigelb gemeinsam mit dem Wein verrühren. Alle verbliebenen Zutaten zu der Soße geben.

5 Die Schnitzel in die Soße legen und 15 Minuten bei geringer Wärmezufuhr ziehen lassen.

FORELLEN IN RAHM

4 Port.

15 Min.

Mittel

Zutaten

4 Forellen
1 Zwiebel
1 Bund Petersilie
200 ml Sahne
2 EL Zitronensaft
2 EL Butter
2 EL Mehl
1 Prise Salz
Pfeffer

Nährwerte p. P.

814 kcal
14 g Kohlenhydrate
51 g Fett
75 g Eiweiß

1 Die Forellen abspülen, trocken tupfen und mit Zitronensaft, Pfeffer und Salz einreiben.

2 Die Zwiebel schälen. Ebenso wie die Petersilie zerhacken. Als Füllung für die Forellen benutzen.

3 Die Butter schmelzen und in einer Auflaufform mit dem Mehl und der Sahne verrühren.

4 Den Fisch in einer Auflaufform verteilen. Im aufgeheizten Backofen bei 180 °C Heißluft oder 200 °C Ober-/Unterhitze ca. 15 Minuten garen.

Vegetarische Hauptgerichte

GEBACKENER CAMEMBERT

4 Port.

20 Min.

Leicht

Zutaten

300 g Camembert
6 EL Semmelbrösel
4 EL Sauerkirschkonfitüre
4 EL Rotwein
1 Schalotte
1 Ei
50 g Pflanzenfett
Salz, Pfeffer

Nährwerte p. P.

406 kcal
22 g Kohlenhydrate
27 g Fett
18 g Eiweiß

1 Den Rotwein mit der Konfitüre verrühren. Die Schalotte schälen, zerhacken und zu der Soße geben. Mit Pfeffer und Salz abschmecken.

2 Das Ei verquirlen. Den Camembert halbieren und erst in dem Ei, dann in den Semmelbröseln wenden.

3 Das Fett erhitzen und den Camembert darin unter ständigem Wenden braten, bis er goldgelb wird.

KRAUTWICKEL

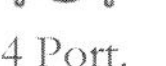

4 Port. 2 Std. Mittel

Zutaten

250 g Mehl
125 g Bauchspeck
750 g Sauerkraut
1 Zwiebel
3 Wacholderbeeren
1 Lorbeerblatt
8 EL Butterschmalz
3 EL Öl
125 ml Wasser
Salz

Nährwerte p. P.

1228 kcal
101 g Kohlenhydrate
75 g Fett
28 g Eiweiß

1 Die Zwiebel abschälen und ebenso wie den Bauchspeck würfeln. Etwas Butterschmalz zum Schmelzen bringen und die beiden Zutaten anbraten, bis die Zwiebeln leicht durchsichtig werden.

2 Das Sauerkraut, die Wacholderbeeren, das Lorbeerblatt sowie etwas Salz zu den Zutaten in der Pfanne geben und gut mischen. Ca. 60 Minuten köcheln, danach das Lorbeerblatt und die Wacholderbeeren entfernen.

3 Das Mehl mit dem Öl, dem Wasser sowie einer kleinen Menge Salz zu einem einheitlichen Teig verkneten. 30 Minuten ruhen lassen.

4 Den Teig ausrollen, mit der Füllung belegen und aufrollen. Die Rolle in mehrere Teile teilen.

5 Das restliche Butterschmalz in einer Pfanne zum Schmelzen bringen und die Krautwickel darin einlegen. Von allen Seiten durchbraten, bis der Teig eine bräunliche Farbe annimmt.

6 Mit Wasser ablöschen, danach mit einem Deckel zudecken und ca. 3 Minuten kochen.

PILZRAGOUT MIT BREZENKNÖDELN

4 Port.

1,5 Std.

Leicht

Zutaten

400 g Pilze
250 g Brezen
Je 200 ml Sahne und Milch
100 ml Weißwein
2 Zwiebeln
2 Eier
5 EL Butter
1 Handvoll Petersilie
Salz, Pfeffer

Nährwerte p. P.

637 kcal
50 g Kohlenhydrate
39 g Fett
18 g Eiweiß

1 Die Brezen in kleine Stücke teilen und in ein Gefäß füllen. Die Zwiebeln von der Schale befreien, danach in Würfelform schneiden.

2 1 EL Butter bei mittlerer Hitzeeinstellung zerlassen und eine Zwiebel andünsten, bis sie glasig wird. Zusammen mit den Brezen in eine Schüssel geben.

3 Die Milch vorsichtig aufkochen und dann zu den Brezen geben. 20 Minuten ziehen lassen.

4 Inzwischen die Petersilie waschen und zerhacken. Mit den Eiern verquirlen. Die Eiermasse mit in die Brezenmischung geben und mit Pfeffer und Salz verfeinern.

5 Die Knödelmasse rollen und mit ausreichend Alufolie umwickeln. In einem Topf mit dem kochenden Wasser ca. 25 Minuten garen.

6 Die Pilze säubern und in Stücke teilen. Die verbliebene Zwiebel sowie die Pilze gemeinsam mit 1 EL Butter anbraten.

7 Mit 100 ml Wein ablöschen und anschließend mit der Sahne aufgießen. Mit Pfeffer und Salz abschmecken. Köcheln lassen, bis die Soße die gewünschte Dicke angenommen hat.

8 Die Knödel aus der Alufolie holen und in ungefähr gleich große Stücke teilen. Mit der restlichen Butter in eine tiefe Pfanne geben. Gründlich von allen Seiten anbraten, bis sie bräunlich werden.

KARTOFFELKNÖDEL

4 Port. 1 Std. Leicht

Zutaten

750 g Kartoffeln
125 g Mehl
2 Eier
1 Scheibe Weißbrot
1 TL Butter
Salz, Muskatnuss

Nährwerte p. P.

634 kcal
116 g Kohlenhydrate
8 g Fett
19 g Eiweiß

1 Die Kartoffeln abwaschen und in ausreichend kochendem Wasser ca. 25 Minuten garen. Danach pellen und zerstampfen oder durch eine Kartoffelpresse geben.

2 Die Kartoffeln abkühlen lassen und mit Mehl bestreuen. Die Eier verquirlen und mit den Kartoffeln und dem Mehl zu einer Masse verkneten. Mit Salz sowie Muskatnuss abschmecken.

3 Das Weißbrot würfeln und in einer Pfanne mit einer kleinen Menge Öl unter ständigem Wenden anbraten, bis es braun und knusprig wird.

4 Den Teig mit den Brotwürfeln verkneten und zu Knödeln formen.

5 Die Knödel in kochendes Salzwasser geben. Bei geringer Wärmezufuhr 25 Minuten ziehen lassen.

KÄSESPÄTZLE

4 Port.

1 Std.

Leicht

Zutaten

500 g Mehl
250 g geriebener Käse
6 Eier
2 Zwiebeln
2 EL Grieß
2 L Wasser
3 EL Milch
1 EL Butter
Salz, Pfeffer

Nährwerte p. P.

874 kcal
95 g Kohlenhydrate
35 g Fett
43 g Eiweiß

1 Das Mehl mit dem Grieß und allen Eiern verrühren. Schlückchenweise die Milch hinzugeben, bis die Mischung zu einer zähflüssigen Masse wird. Etwa 10 Minuten aufschlagen, bis sich Bläschen bilden.

2 Das Wasser mit etwas Salz erhitzen. In der Zwischenzeit die Zwiebel häuten, zerhacken und in einer Pfanne mit geschmolzener Butter anbraten, bis sie glasig werden.

3 Den Teig durch einen Spätzlehobel geben und die fertig geformten Spätzle direkt in das kochende Wasser fallen lassen.

4 Sobald die Spätzle anfangen, an der Oberfläche zu schwimmen, sind sie fertig. Dann abschöpfen und in eine Auflaufform geben.

5 Die Spätzle in der Auflaufform mit dem Käse und den Zwiebeln vermischen. Bei 180 °C Umluft oder 200 °C Ober-/Unterhitze ca. 10 Minuten überbacken. Am Ende sollte der Käse geschmolzen sein.

Vegane Hauptgerichte

OFENKARTOFFEL MIT TOFUCREME

4 Port. 50 Min. Leicht

Zutaten

4 Süßkartoffeln
800 g Tofu
5 Knoblauchzehen
2 EL Olivenöl
2 EL Leinöl
2 Rosmarinzweige
2 EL Zitronensaft

Nährwerte p. P.

463 kcal
58 g Kohlenhydrate
15 g Fett
20 g Eiweiß

1 Die Süßkartoffeln unter dem Wasserhahn reinigen.

2 Die Süßkartoffeln jeweils mit einer ungeschälten Knoblauchzehe, einem halben Zweig Rosmarin und ½ EL Olivenöl in Alufolie einwickeln.

3 Die Kartoffeln im aufgeheizten Backofen bei 250 °C Umluft oder 270 °C Ober- /Unterhitze ca. 45 Minuten lang backen. In der Zwischenzeit die verbliebene Knoblauchzehe schälen und zerhacken.

4 Den Knoblauch zusammen mit Tofu, dem Leinöl und dem Zitronensaft pürieren.

5 Die Tofucreme auf die fertigen Ofenkartoffeln geben.

KRAUTPFANNE

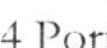
4 Port.

45 Min.

Leicht

Zutaten

1 kg Weißkohl
1 Zwiebel
300 ml Gemüsebrühe
150 g Räuchertofu
2 EL Pflanzenöl
2 TL Ahornsirup
2 EL Apfelessig
2 TL Salz
½ TL Pfeffer

Nährwerte p. P.

432 kcal
34 g Kohlenhydrate
20 g Fett
21 g Eiweiß

1 Die Zwiebel abschälen und ebenso wie den Bauchspeck würfeln. Etwas Butterschmalz zum Schmelzen bringen und die beiden Zutaten anbraten, bis die Zwiebeln leicht durchsichtig werden.

2 Das Sauerkraut, die Wacholderbeeren, das Lorbeerblatt sowie etwas Salz zu den Zutaten in der Pfanne geben und gut mischen. Ca. 60 Minuten köcheln, danach das Lorbeerblatt und die Wacholderbeeren entfernen.

3 Das Mehl mit dem Öl, dem Wasser sowie einer kleinen Menge Salz zu einem einheitlichen Teig verkneten. 30 Minuten ruhen lassen.

4 Den Teig ausrollen, mit der Füllung belegen und aufrollen. Die Rolle in mehrere Teile teilen.

5 Das restliche Butterschmalz in einer Pfanne zum Schmelzen bringen und die Krautwickel darin einlegen. Von allen Seiten durchbraten, bis der Teig eine bräunliche Farbe annimmt.

6 Mit Wasser ablöschen, danach mit einem Deckel zudecken und ca. 3 Minuten kochen.

PILZRAGOUT MIT BREZENKNÖDELN

4 Port.

1,5 Std.

Leicht

Zutaten

400 g Pilze
250 g Brezen
Je 200 ml Sahne und Milch
100 ml Weißwein
2 Zwiebeln
2 Eier
5 EL Butter
1 Handvoll Petersilie
Salz, Pfeffer

Nährwerte p. P.

637 kcal
50 g Kohlenhydrate
39 g Fett
18 g Eiweiß

1 Die Brezen in kleine Stücke teilen und in ein Gefäß füllen. Die Zwiebeln von der Schale befreien, danach in Würfelform schneiden.

2 1 EL Butter bei mittlerer Hitzeeinstellung zerlassen und eine Zwiebel andünsten, bis sie glasig wird. Zusammen mit den Brezen in eine Schüssel geben.

3 Die Milch vorsichtig aufkochen und dann zu den Brezen geben. 20 Minuten ziehen lassen.

4 Inzwischen die Petersilie waschen und zerhacken. Mit den Eiern verquirlen. Die Eiermasse mit in die Brezenmischung geben und mit Pfeffer und Salz verfeinern.

5 Die Knödelmasse rollen und mit ausreichend Alufolie umwickeln. In einem Topf mit dem kochenden Wasser ca. 25 Minuten garen.

6 Die Pilze säubern und in Stücke teilen. Die verbliebene Zwiebel sowie die Pilze gemeinsam mit 1 EL Butter anbraten.

7 Mit 100 ml Wein ablöschen und anschließend mit der Sahne aufgießen. Mit Pfeffer und Salz abschmecken. Köcheln lassen, bis die Soße die gewünschte Dicke angenommen hat.

8 Die Knödel aus der Alufolie holen und in ungefähr gleich große Stücke teilen. Mit der restlichen Butter in eine tiefe Pfanne geben. Gründlich von allen Seiten anbraten, bis sie bräunlich werden.

KARTOFFELKNÖDEL

4 Port.

1 Std.

Leicht

Zutaten

750 g Kartoffeln
125 g Mehl
2 Eier
1 Scheibe Weißbrot
1 TL Butter
Salz, Muskatnuss

Nährwerte p. P.

634 kcal
116 g Kohlenhydrate
8 g Fett
19 g Eiweiß

1 Die Kartoffeln abwaschen und in ausreichend kochendem Wasser ca. 25 Minuten garen. Danach pellen und zerstampfen oder durch eine Kartoffelpresse geben.

2 Die Kartoffeln abkühlen lassen und mit Mehl bestreuen. Die Eier verquirlen und mit den Kartoffeln und dem Mehl zu einer Masse verkneten. Mit Salz sowie Muskatnuss abschmecken.

3 Das Weißbrot würfeln und in einer Pfanne mit einer kleinen Menge Öl unter ständigem Wenden anbraten, bis es braun und knusprig wird.

4 Den Teig mit den Brotwürfeln verkneten und zu Knödeln formen.

5 Die Knödel in kochendes Salzwasser geben. Bei geringer Wärmezufuhr 25 Minuten ziehen lassen.

KÄSESPÄTZLE

4 Port.

1 Std.

Leicht

Zutaten

500 g Mehl
250 g geriebener Käse
6 Eier
2 Zwiebeln
2 EL Grieß
2 L Wasser
3 EL Milch
1 EL Butter
Salz, Pfeffer

Nährwerte p. P.

874 kcal
95 g Kohlenhydrate
35 g Fett
43 g Eiweiß

1 Das Mehl mit dem Grieß und allen Eiern verrühren. Schlückchenweise die Milch hinzugeben, bis die Mischung zu einer zähflüssigen Masse wird. Etwa 10 Minuten aufschlagen, bis sich Bläschen bilden.

2 Das Wasser mit etwas Salz erhitzen. In der Zwischenzeit die Zwiebel häuten, zerhacken und in einer Pfanne mit geschmolzener Butter anbraten, bis sie glasig werden.

3 Den Teig durch einen Spätzlehobel geben und die fertig geformten Spätzle direkt in das kochende Wasser fallen lassen.

4 Sobald die Spätzle anfangen, an der Oberfläche zu schwimmen, sind sie fertig. Dann abschöpfen und in eine Auflaufform geben.

5 Die Spätzle in der Auflaufform mit dem Käse und den Zwiebeln vermischen. Bei 180 °C Umluft oder 200 °C Ober-/Unterhitze ca. 10 Minuten überbacken. Am Ende sollte der Käse geschmolzen sein.

Fingerfood und Snacks

WEIẞWURST IM BREZELTEIG

6 Port.

40 Min.

Leicht

Zutaten

1 Rolle Hefeteig
3 Weißwürste
1,5 L Wasser
3 EL Natron
1 EL Senf

Nährwerte p. P.

208 kcal
13 g Kohlenhydrate
15 g Fett
5 g Eiweiß

1 Den Teig ausbreiten und in 12 gleich große Streifen schneiden.

2 Die Weißwürste pellen und ebenfalls in insgesamt 12 Stücke teilen. In die Teigstreifen einrollen.

3 Das Wasser aufkochen und das gesamte Natron darin auflösen. Die Röllchen ca. 30 Sekunden darin ziehen lassen, dann auf einem Backblech auslegen.

4 Im aufgewärmten Backofen bei 200 °C Heißluft oder 220 °C Ober-/Unterhitze ca. 20 Minuten backen. Die Snacks sind fertig, sobald der Teig eine goldbraune Farbe angenommen hat.

BAYRISCHE SPIEßE

30 Port. 4 Std. 15 Min. Leicht

Zutaten

1 kg Schweinenacken
200 g Gewürzgurken
2 Bund Radieschen
20 g Senf
Gewürzmischung Trockenmarinade
Salz

Nährwerte p. P.

207 kcal
1 g Kohlenhydrate
13 g Fett
21 g Eiweiß

1 Den Schweinenacken mit dem Senf, etwas Salz und der Gewürzmischung einreiben und dann bei 120 °C Umluft oder 140 °C Ober-/Unterhitze ca. 4 Stunden lang garen.

2 Den Braten in dünne Scheiben schneiden. Die Gurke und die Radieschen in Würfel oder Scheiben schneiden.

3 Die Zutaten aufspießen.

OBAZDA-CUPCAKES

12 Port.

15 Min.

Leicht

Zutaten

1 Pkg Laugenteig
150 g Obazda
150 g Quark
4 Essiggurken
Schnittlauch
Salz, Pfeffer

Nährwerte p. P.

180 kcal
7 g Kohlenhydrate
13 g Fett
9 g Eiweiß

1 Den Laugenteig auseinanderzupfen und schneckenförmig in Muffinförmchen geben.

2 Im aufgeheizten Backofen bei 200 °C Umluft oder 220 °C Ober-/Unterhitze ca. 10 Minuten backen, bis der Laugenteig bräunlich wird.

3 In der Zwischenzeit den Obazda mit dem Quark verrühren und mit Pfeffer und Salz abschmecken.

4 Die Gurken in Scheibenform bringen und den Schnittlauch zerhacken.

5 Die fertigen Cupcakes mit der Obazda-Creme bestreichen und mit dem Schnittlauch und den Gurken garnieren.

MINI-LAUGENBURGER

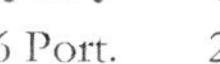

6 Port. 2 Std. Leicht

Zutaten

1 kg Leberkäse
8 Laugenstangen
2 Zwiebeln
1 Tomate
4 EL Senf
Salz, Pfeffer

Nährwerte p. P.

783 kcal
57 g Kohlenhydrate
45 g Fett
39 g Eiweiß

1 Den Leberkäse bei 160 °C Umluft oder 180 °C Ober-/Unterhitze ca. 90 Minuten lang backen. Danach in eine Form schneiden, die auf die Laugenstangen passt. Die Laugenstangen in mehrere Teile teilen und mittig aufschneiden.

2 Die Zwiebeln von der Schale befreien und ringförmig schneiden. Die Tomate waschen und auf die gleiche Weise schneiden.

3 Jedes "Mini-Bun" mit jeweils einer Scheibe Leberkäse, etwas Senf, Zwiebel und Tomate belegen und mit den aufgelisteten Gewürzen abschmecken.

BROTZEITPLATTE

6 Port.

10 Min.

Leicht

Zutaten

3 Scheiben Vollkornbrot
50 g Leberwurst
3 Essiggurken
3 Radieschen
3 EL Senf

Nährwerte p. P.

239 kcal
30 g Kohlenhydrate
7 g Fett
10 g Eiweiß

1 Die Brote mit Senf und Leberwurst bestreichen und in ausreichend große Würfel schneiden.

2 Die Essiggurken und die Radieschen in dünne Scheiben oder Würfel schneiden. Auf die Brotwürfel legen.

ZWIEBELKUCHEN-MUFFINS

6 Port.

35 Min.

Leicht

Zutaten

250 g Pizzateig
100 g Räucherspeck
125 ml Sahne
3 Eier
4 Zwiebeln
1 EL Sonnenblumenöl
Salz, Pfeffer

Nährwerte p. P.

111 kcal
5 g Kohlenhydrate
8 g Fett
4 g Eiweiß

1 Den Teig ausrollen und Kreise ausstechen oder ausschneiden. In Muffinförmchen geben.

2 Die Zwiebel schälen und gemeinsam mit dem Speck würfeln. Beides zusammen mit dem Sonnenblumenöl für ca. 5 Minuten in einer Pfanne anbraten.

3 Die Eier mit der flüssigen Sahne verquirlen und die Zwiebeln genauso wie den Speck unterrühren. Mit Salz und Pfeffer nachwürzen. Die Mischung in die Muffinförmchen geben.

4 Alles zusammen bei 180 °C Umluft oder 200 °C Ober-/Unterhitze für ca. 25 Minuten backen.

PANIERTE KÄSEWÜRFEL IM SPECKMANTEL

4 Port.

30 Min.

Leicht

Zutaten

200 g Speck (Scheiben)
300 g Gouda
1 Ei
Semmelbrösel
Mehl
Pflanzenöl

Nährwerte p. P.

435 kcal
1 g Kohlenhydrate
35 g Fett
30 g Eiweiß

1 Den Gouda in ca. 2 × 2 cm große Würfel schneiden und in den Speck einwickeln.

2 Das Ei verquirlen und in eine Schale umfüllen. Die Semmelbrösel und das Mehl ebenfalls jeweils in eine Schale oder auf einen Teller geben.

3 Die Käsewürfel alle nacheinander erst in Mehl wälzen, dann in dem Ei und anschließend in den Semmelbröseln. Den Vorgang, falls nötig, mehrfach wiederholen, bis die Würfel gut mit Semmelbröseln bedeckt sind.

4 Ausreichend Olivenöl in einem Topf erhitzen und die Käsewürfel darin frittieren. Sie sind fertig, wenn sie bräunlich werden.

5 Die fertigen Käsewürfel auf ein Papiertuch geben, um das überschüssige Fett loszuwerden.

Süßspeisen und Desserts

SCHOKO-BANANEN

2 Port.

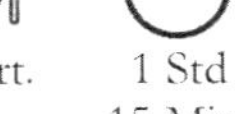
1 Std 15 Min.

Leicht

Zutaten

2 Bananen
100 g Schokolade
10 g Kokosöl
2 EL Haselnüsse
2 EL Kokosflocken

Nährwerte p. P.

526 kcal
50 g Kohlenhydrate
33 g Fett
6 g Eiweiß

1 Die Schokolade in kleine Stücke teilen, in eine Plastikschüssel geben und in einem heißen Wasserbad zum Schmelzen bringen.

2 Die Haselnüsse in einer Pfanne ohne Hinzugabe von Fett oder Öl anrösten und danach zerhacken. Auf einen Teller umfüllen und beiseitestellen.

3 Die Bananen schälen und in mehrere Stücke teilen. Die Stücke aufspießen.

4 Die Bananen durch die Schokolade ziehen und danach in den Haselnüssen oder den Kokosflocken wälzen.

SCHMALZNUDELN

4 Port.

2 Std. 40 Min.

Mittel

Zutaten

550 g Mehl
30 g frische Hefe
100 g Butter
Butterschmalz
50 g Zucker
100 g Rosinen
2 Eier
250 ml Milch
1 Eigelb
1 Prise Salz
Vanillezucker, Zucker

Nährwerte p. P.

702 kcal
135 g Kohlenhydrate
10 g Fett
15 g Eiweiß

1 Die Milch vorsichtig erwärmen. Die Hefe mit 4 EL Milch, 2 TL Zucker und 1 TL Mehl verrühren.

2 Das restliche Mehl mit Zucker und Salz vermengen und eine Mulde bilden.

3 Die Hefemilch in die Mulde geben, die Schüssel abdecken und 15 Minuten ruhen lassen.

4 Die Butter mit den Eiern und dem Eigelb zu der restlichen Milch geben. Mit dem Mehl und der Hefemischung verrühren und kneten, bis ein glatter Teig entsteht. Abgedeckt erneut für 45 Minuten ruhen lassen.

5 Die Rosinen zum Teig geben und erneut durchkneten. Dann den Teig rollen, in etwa 12 Stücke teilen, diese in Kugelform bringen und auf ein Backblech legen.

6 Ausreichend Butterschmalz (etwa 1 kg) in einem Topf erhitzen. Die Kügelchen darin für ca. 5 Minuten ausbacken.

7 Einen Teller mit Vanillezucker und Zucker füllen und die fertigen Schmalznudeln darin wälzen.

ZWETSCHGENBAVESEN

6 Port.

1,5 Std.

Mittel

Zutaten

200 g Zwetschgenmus
6 Semmeln
4 Eier
70 g Mehl
500 ml Milch
2 EL Zucker
150 g Butterschmalz
1 Prise Zimt
1 Prise Salz

Nährwerte p. P.

531 kcal
47 g Kohlenhydrate
32 g Fett
11 g Eiweiß

1 Die Rinde von den Semmeln entfernen und die Semmeln in jeweils 6 Scheiben schneiden.

2 Die Hälfte der Scheiben mit Zwetschgenmus bestreichen, die andere Hälfte nutzen, um die bestrichenen Scheiben abzudecken. Die Schnitten in Milch tauchen und 15 Minuten ziehen lassen.

3 Das Mehl mit allen Eiern sowie dem Salz und etwas Mehl verrühren, bis ein glatter Teig entsteht.

4 Das Butterschmalz erhitzen. Die Schnitten durch den Teig ziehen und dann im Schmalz frittieren, bis sie von allen Seiten goldbraun sind.

APFELSTRUDEL

6 Port.

1 Std.
45 Min.

Leicht

Zutaten

1 kg Äpfel
200 g Mehl
100 ml Wasser
100 g Butter
80 g Rumrosinen
80 g gehackte Mandelkerne
75 g Zucker
1 Zitrone
1 Ei
1 Pkg Vanillezucker
2 EL Öl
1 TL Zimt
1 Prise Salz

Nährwerte p. P.

611 kcal
84 g Kohlenhydrate
25 g Fett
9 g Eiweiß

1 Das Mehl mit dem Wasser, dem Ei, dem Salz und dem Öl zu einem Teig verkneten. Den Teig zu einer einheitlichen Kugel formen und für 30 Minuten ruhen lassen.

2 Den Backofen bei 180 °C Umluft oder 200 °C Ober-/Unterhitze aufheizen.

3 Die Zitronenschale abreiben, den Zitronensaft auspressen und beides verrühren. Die Schale der Äpfel entfernen, dann die Äpfel entkernen und in Scheiben schneiden. Die Scheiben in dem Zitronensaft wenden. Die Butter schmelzen.

4 Den Teig ausrollen und mit der Hälfte der Butter bestreichen. Die Äpfel sowie die Rosinen, den Zimt und die Mandeln darauf verteilen.

5 Den Teig aufrollen und ca. 45 Minuten lang backen.

HEIDELBEER-AUFLAUF

4 Port.

40 Min.

Leicht

Zutaten

500 g Heidelbeeren
500 ml Milch
250 g Mehl
1 EL Butter
6 EL Zucker
1 Prise Salz

Nährwerte p. P.

469 kcal
86 g Kohlenhydrate
9 g Fett
9 g Eiweiß

1 Den Backofen auf 180 °C Umluft oder 200 °C Ober-/Unterhitze vorheizen.

2 Die Eier mit dem halben Liter Milch sowie dem Zucker vermengen. Dann das Mehl dazugeben und alles miteinander verkneten. Die Butter schmelzen und in einer Auflaufform verreiben.

3 Den Teig in die Auflaufform geben und mit den Heidelbeeren bedecken. Den Auflauf ca. 30 Minuten lang backen.

BAYRISCHE CREME MIT WEIßBIERSCHAUM

4 Port.

1 Std. 45 Min.

Leicht

Zutaten

500 ml Sahne (geschlagen)
250 ml Bier
175 ml Sahne (nicht geschlagen)
75 g Joghurt
100 g Zucker
50 g Puderzucker
500 ml Milch
4 Eigelbe
5 Blatt Gelatine
1 Vanilleschote

Nährwerte p. P.

1731 kcal
104 g Kohlenhydrate
132 g Fett
28 g Eiweiß

1 Die Vanilleschote aufschlitzen und zusammen mit der Milch aufkochen, danach 5 Minuten ziehen lassen.

2 Die 4 Eigelbe mit dem gesamten Zucker verrühren, dann die Milch dazuschütten und die Vanilleschote aus dem Topf nehmen und cremig schlagen.

3 Die Gelatine nach Packungsanleitung vorbereiten, dann unter die Creme rühren. Die Creme kalt stellen, bis sie anfängt zu stocken. Die Sahne unter die restliche Creme heben.

4 Für den Schaum die verbliebenen Zutaten miteinander verrühren. Dann in ein verschließbares Gefäß geben und kräftig durchschütteln.

5 Für 2 Stunden in den Kühlschrank geben, dann auf der Creme verteilen.

Getränke

SEKTCOCKTAIL

2 Port.

5 Min.

Leicht

Zutaten

8 cl Kirschsaft
5 cl Sekt
5 cl Zitronenlimonade
3 cl Obstler
1 cl Zitronensaft
4 Eiswürfel

Nährwerte p. P.

89 kcal
9 g Kohlenhydrate
0 g Fett
0 g Eiweiß

1 Alle Zutaten miteinander vermixen.

2 Den Cocktail auf zwei Gläser aufteilen.

GINGER BEER COCKTAIL

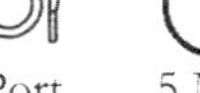

1 Port. 5 Min. Leicht

Zutaten

230 ml Ingwerbier
100 ml Limettensaft
90 ml Rum
10 Blätter Minze
1 TL brauner Zucker
Eiswürfel

Nährwerte p. P.

383 kcal
17 g Kohlenhydrate
0 g Fett
3 g Eiweiß

1 Den Zucker mit der Minze in ein Glas geben.

2 Mit Limettensaft und Rum aufgießen und gut verrühren. Das Ingwerbier dazugeben.

3 Mit einigen Eiswürfeln garnieren.

ALKOHOLFREIER BIER-COCKTAIL

 1 Port.

 5 Min.

 Leicht

Zutaten

100 ml alkoholfreies Bier
6 cl Maracujasaft
2 cl Limettensirup
2 cl Zitronensaft

Nährwerte p. P.

26 kcal
6 g Kohlenhydrate
0 g Fett
0 g Eiweiß

1 Alle Zutaten miteinander vermischen.

2 Auf Wunsch noch etwas alkoholfreies Bier nachgießen.

ORANGE-BIER-COCKTAIL

1 Port.

5 Min.

Leicht

Zutaten

200 ml dunkles Bier
120 ml Orangensaft
½ Bio-Orange

Nährwerte p. P.

128 kcal
21 g Kohlenhydrate
0 g Fett
2 g Eiweiß

1 Das Bier mit dem Orangensaft mischen.

2 Die Orange in Spalten schneiden und in den Cocktail geben. Eine Spalte auf den Glasrand klemmen.

PICAMPA

1 Port. 5 Min. Leicht

1 Alle Zutaten miteinander vermischen.

Zutaten

100 ml Pils
3 cl Campari
2 cl Zitronensaft
2 cl Wodka

Nährwerte p. P.

84 kcal
5 g Kohlenhydrate
0 g Fett
1 g Eiweiß

BIERLIKÖR

3

3 Mo.

Leicht

Zutaten

2 L Bier
1 L Obstler
1 kg Zucker
2 Vanilleschoten

Nährwerte p. P.

185 kcal
28 g Kohlenhydrate
0 g Fett
0 g Eiweiß

1 Die Vanilleschoten halbieren. Das Bier zusammen mit dem Zucker und den Vanilleschoten aufkochen und danach ca. 15 Minuten köcheln.

2 Die Vanilleschoten entfernen und den Obstler unterrühren.

3 In saubere Flaschen füllen und mindestens 3 Monate an einem kühlen und dunklen Ort lagern.

BAVARIAN FIZZ

1 Port.

5 Min.

Leicht

Zutaten

100 ml Weißbier
5 cl Gin
2 cl Zuckersirup
2 cl Zitronensaft

Nährwerte p. P.

116 kcal
22 g Kohlenhydrate
0 g Fett
1 g Eiweiß

1 Alle Zutaten miteinander vermischen.

ANANAS-BIER-COCKTAIL

1 Port.

5 Min.

Leicht

Zutaten

200 ml dunkles Bier
100 ml Ananassaft
60 ml Zitronenlimonade

Nährwerte p. P.

132 kcal
24 g Kohlenhydrate
0 g Fett
2 g Eiweiß

1 Alle Zutaten miteinander vermischen.

WOLPERDINGER

2 Port.

5 Min.

Leicht

Zutaten

12 cl Grapefruitsaft
8 cl Orangensaft
4 cl Pfirsichlikör
3 cl Schnaps
3 cl Grenadine
1 cl Zitronensaft

Nährwerte p. P.

62 kcal
6 g Kohlenhydrate
0 g Fett
0 g Eiweiß

1 Alle Zutaten miteinander vermixen.

2 Auf zwei Gläser aufteilen.

WINTER MOON

1 Port.

5 Min.

Leicht

Zutaten

100 ml dunkles Bier
2 cl Kahlua
2 cl Brandy
20 ml Schlagsahne

Nährwerte p. P.

192 kcal
4 g Kohlenhydrate
7 g Fett
1 g Eiweiß

1 Das Bier zusammen mit dem Kahlua und dem Brandy vorsichtig erwärmen.

2 In der Zwischenzeit die Sahne aufschlagen. Die Sahne auf den warmen Cocktail geben.